Trevor and Leah
I love you guys so much!
I'm so grateful for
your friendship!
You need to read this in
Spanish!
Joily

SURCOS

JOILY I. GÓMEZ NAVARRO

D1527043

PRIMERA EDICION - JUNIO 2020

ISBN: 9798654338969

Diseño de Portada: Roberto Osorio

AMELIA GUZMÁN RAMOS

1928-2011

…Al final de la vida, es tan importante volver a contar y revivir los hechos notables y por qué, tanto para la persona moribunda como para los que la sobrevivirán, hablar de acontecimientos pasados y volver a mirar fotografías compartidas ofrecen un real y auténtico consuelo.

-Rosa Montero

La ridícula idea de no volver a verte

A mami, quien cultivó flores en surcos vacíos.

"¿Qué es lo que esperan? ¿No me llaman? ¿Me han olvidado entre las yerbas mis camaradas más sencillos, todos los muertos de la tierra?"

-Julia De Burgos

Prólogo

Todavía recuerdo la pintura que colgaba en la pared de la sala en la casa de mi abuela. Esa era la pieza de conversación, sobre todo porque la firmaba *El Monje*. Llamaba mi atención por la variedad de colores opacos, tonalidades que reflejaban una lúgubre sobriedad. Todo el cuadro lo llenaba un gran mueble en terciopelo azul. Sobre él yacía una mujer encorvada y su rostro reflejaba un terrible sufrimiento. Su ropa no era común; vestía túnicas color esmeralda, azul añil y en su cabeza, un manto del mismo color cubría su cabellera. "Es el dolor de una madre" así me dijeron un día. Esa madre, según decía la familia, representaba la madre de Jesús, *El Cristo*, quien experimentó el terrible sufrimiento por la muerte de su hijo.

Años después descubrí la escultura del gran Gian Lorenzo Bernini: *El Extasis de la beata Ludovica Albertoni* (1671). ¿El éxtasis o el dolor del momento antes de su muerte (1533)? Me sorprendió esta escultura por la sorprendente similitud con el cuadro de mi tío. Ludovica Albertoni fue una mujer noble de Roma que ingresó en la Orden de los Franciscanos tras la muerte de su marido. Además, vivió una vida piadosa, trabajando para los pobres.

¡Cuán similares pueden ser dos vidas reflejadas en el arte! ¡Cuánto dolor o cuánto éxtasis podemos enfrentar en los momentos antes de la muerte! Aquel cuadro fue el triste oráculo de la vida de mi abuela. Aquella escultura representaba la tristeza de la pérdida. Una pintura que fue testigo de cada una de las tragedias familiares, de las muertes esperadas, de las accidentadas y de aquellas que sorprendieron a todo un pueblo.

Uno a uno fueron cayendo los varones de mi abuela: su esposo y sus tres hijos, mientras la mujer del cuadro atestiguaba impotente y lloraba la pena o adelantaba la muerte que marcó los surcos en el rostro de Amelia.

Los sucesos aquí expuestos son narrados a través del punto de vista de quien escribe, mis ojos y mi experiencia. Los mismos no ocurrieron necesariamente de la misma manera en la que se relatan. Por lo tanto, tal vez para los que fueron testigos de la vida de mi abuela, las cosas pudieron ser de otra manera. Sin embargo, la historia es así, ¿quién conoce realmente la verdad de los hechos? ¿Acaso el que la vive o aquel que la cuenta?

Tres días

Aquella noche, antes de morir, abuela Amelia los volvió a nombrar. Esta vez estaba sola, pues toda la familia se retiró temprano y los que se encontraban a su alrededor no entendieron los nombres que mencionaba entre dientes. Sus gritos a la medianoche hicieron estremecer a las enfermeras que con tanto amor la cuidaron durante aquellos tres días y ninguna de ellas logró calmar su perturbación. Ella sabía que su partida era pronto; lo imaginó desde que mi mamá la ingresó al hospital el viernes en la noche. —Me están llamando —susurró en mi oído, con cierta complicidad, la noche anterior, pero nunca logré asimilar los nombres que mi abuela pronunciaba de manera ininteligible. —Cuando te llamen, ve tranquila, Mamá; nosotros estaremos bien —contesté sin que otros me escucharan. Sin saber lo que sucedería y con esas palabras, la despedí. Abuela partió en la mañana. La enfermera que le tomó los vitales la encontró sonriendo, vestida y perfumada, con un lirio en la mano y sus ojos cerrados en una apacible ensoñación.

Todo el pasillo de aquel hospital en Manatí olía a lirios. Este detalle nos sorprendió, no solo porque era la flor favorita de la abuela, sino porque eran demasiados. La capilla contigua se preparaba para la celebración del Domingo de Resurrección y había olorosos lirios blancos por todas partes. −Mira mamá, −así le decíamos las nietas −qué gran recibimiento −le dije para distraerla del corre y corre que se armó por los pasillos tras su llegada. −Por lo menos no huele a enfermo −me contestó la abuela con una sonrisa de lado a lado. Lo que ninguno de nosotros imaginó fue que de aquel fragante lugar abuela no volvería a salir. Esos tres días fueron casi tan largos como su vida misma.

La vida de abuela estuvo llena de enigmas que comenzaron con su nombre. "La gente me llama Amelia, pero no es mi verdadero nombre" así nos dijo quedamente un día, mientras miraba el horizonte tras su ventana en nuestra casa de Arecibo. Aquella ventana en la que solía pasar las horas esperando a Junito, el nieto de su corazón. Según ella, la llamaron Ana Emelia, pero las familias registraban a sus hijos hasta muchos días después de haber nacido y fue su padre quien la inscribió como *Amelia* algunos días después, y así quedó. Para alguien nacido en un remoto campo de Puerto Rico en la década del 1920 (1928 para ser específica) esto era muy común. En algunos documentos aparecía como Ana Emelia y, en otros, solo era Amelia. Así que, ni siquiera ella tenía la certeza de su verdadero nombre. Pero todos la conocían como Amelia y ella se reía con suspicacia cada vez que mencionaban su nombre, como si guardara un secreto, un enigma que ni ella conocía.

Abuela nació en cuna humilde y rodeada por la tragedia caribeña. Su llegada al mundo la precedió San Felipe, un intenso huracán que causó devastación y arrasó con todo tipo de frágiles viviendas, a su paso por las islas de Barlovento, Puerto Rico, República Dominicana y las Bahamas. Dos meses después, el 30 de noviembre de 1928, sin aún tener un lugar seguro donde vivir, los ojos de mi abuela vieron por primera vez la luz del sol brillante del barrio Quebrada de Camuy, al noroeste de Puerto Rico.

Un año después, la crisis de la Gran Depresión, también impactó a su familia. Por lo tanto, su niñez estuvo enmarcada en la inseguridad y en la miseria que se vivió en Puerto Rico en la década del 1930. El sector agrícola fue uno de los más afectados pues, con la crisis, se sufrió la caída en los precios de las cosechas. De modo que, para don Sebastián Guzmán y doña María Ramos, humildes agricultores, la situación no se vislumbraba fácil.

Cuando mi bisabuelo Sebastián murió, doña María tuvo que sacar adelante a sus seis hijos: Cruz María, Amelia, Rafa, Toño, Mery y Cheo. Por consiguiente, además de los pocos productos que cosechaban e intentaban vender, doña María comenzó a trabajar junto a algunos de sus hijos para los Bonilla: una familia de hacendados en el pueblo de Camuy.

Todas las mañanas, al despuntar el alba, doña María caminaba a pie a su trabajo. Los niños más pequeños iban a la escuela, entre ellos Amelia. —Abuela, —le pregunté un día con curiosidad de niña— ¿por qué tus pies son tan feos? —abuela rio; siempre reía ante mis preguntas. Los pies de mi abuela eran singularmente diferentes a los del resto de nosotros. Sus dedos estaban lo suficientemente separados y se abrían como un gracioso abanico cuando los liberaba del encierro que le producían las medias y los zapatos. Sus talones los cubría un gran callo áspero y amarillento que fungía como suela, por eso la veíamos descalza la mayoría de las veces, los zapatos siempre le incomodaban. Los deformes pies de la abuela solían llamar mi atención. —Cuando era pequeña, —contestó con aparente nostalgia —tenía que caminar largas distancias desde la casa hasta la escuela. Solo tenía un par de zapatos. En el trayecto, cruzábamos una quebrada y no los podía mojar. Así que, caminaba descalza y, al llegar a la escuela, me los volvía a poner.

Abuela amaba la escuela y sentía un gran respeto hacia sus maestros y la educación. Todas las clases las tomaban en inglés pues, tras el cambio de gobierno de manos españolas a estadounidenses en el 1898, la enseñanza de este idioma adquirió gran importancia dentro del currículo y se convirtió en el vehículo lingüístico de todas las disciplinas. No fue hasta la mitad del siglo XX que se adoptó nuevamente el español como el idioma oficial de instrucción en toda la Isla.

Cuando doña María le pidió a Amelia que tendría que dejar la escuela para ayudarla con el trabajo en la hacienda, ya abuela había terminado su octavo grado y tenía un conocimiento básico sobre matemáticas, inglés, gramática y literatura. Tenía una grafía impecable y el inglés lo manejaba sin dificultad. Cuando nos cuidaba en las tardes, era ella quien nos ayudaba a terminar las tareas escolares. Su vasto conocimiento sobre historia general y matemáticas, llamó la atención de Ángel, el hijo menor de los Bonilla.

Angelito, como le llamaban sus padres, era un sol. Todas las mañanas saludaba respetuosamente a doña María y a sus hijos, pero lanzaba miradas indiscretas a Amelia que le hacían retumbar su joven corazón. −Deja de mirar al señorito con ojos de vaca cagona y no seas coqueta. ¿Crees que no me doy cuenta? Usté es decente, no una sobrá. Sin embargo, toda la cantaleta y el jalón de pelo que recibió por parte de

María no fueron suficientes para detener lo que sentía en el pecho y le alborotaba el corazón.

Angelito Bonilla se levantaba temprano todos los días. Se tomaba mucho tiempo en su aseo personal. Peinaba con cuidado su abundante cabellera negra y enlaciaba con cera su largo bigote curveándole las puntas, lo que le daba un aire aristocrático, como su papá. Su delgadez la disimulaba tras la ropa y solía ser el más alto de sus hermanos. A pesar de su torso delgado, su abdomen se marcaba con envidiable musculatura. Su espalda, levemente jorobada, provocaba los regaños de su madre quien le decía que se parara derecho (y él no la contradecía), pero se empeñaba en no sobrepasar la altura de sus hermanos para, así, no provocar sus burlas. Su tez era cobriza y sus ojos, dos grandes faroles negros que conmovían a los más testarudos, con eso solía ganar el favor de su madre. Sin embargo, su mejor cualidad era su elocuencia y la forma en que manejaba las palabras, con esto ganaba el respeto de su padre. Tenía el don del verbo, talento que heredó su nieto Junior décadas después.

Al Señorito, como le llamaba María, no se le debía mirar a los ojos, pues merecía su respeto, pero Amelia siempre buscaba la manera de responderle la mirada con altivez, sobre todo cuando le servía el café de las tres. Ese era el momento perfecto en el que Angelito ponía en práctica su discurso de *Don Juan* y le endulzaba el oído a Amelia con sus canciones y piropos. *−Si tú me dices ven, lo dejo todo −*cantaba Angelito cada vez que Amelia llegaba al salón con el tradicional café pulla de la tarde. El corazón de la joven galopaba cuando escuchaba el murmullo de sus labios y no alcanzaba a pronunciar palabra. *—No detengas el momento por las indecisiones, para unir alma con alma, corazón con corazón* —cantaba y le susurraba al oído de aquella joven que temblaba al sentir su inevitable cercanía. —Esa canción no me gusta —respondía Amelia mientras se erguía coqueta. De esta manera provocaba la risa de Angelito, quien se emocionaba como un niño con solo mirarla. Desde ese momento, todas las tardes a las 3:00 se veían para intercambiar palabras furtivas. El café fue el cómplice de sus encuentros y la excusa perfecta para hablarse a escondidas, debajo del flamboyán, en las mecedoras del jardín de atrás.

Una mañana Angelito amaneció con calentura y su frágil cuerpo se sentía muy mal como para levantarse de la cama. Su madre, preocupada, solicitó que a su hijo le sirvieran el desayuno en su habitación. María debía salir al colmado para hacer las compras de la semana y solo Amelia estaba en la cocina. −Llévale el café al nene −como cariñosamente le decía− y revisa que no necesite algo más. De una vez, tómale la temperatura. Amelia accedió temblorosa temiendo que la señora le notara en el rostro el rubor que le provocaba el solo pensar entrar sola a la habitación de Ángel.

Con manos trémulas agarró la bandeja del café. En el pasillo encontró una jarra llena de olorosos lirios blancos y le colocó uno junto a la taza. Pensó que esto lo animaría. Miró a través del ventanal que daba al patio trasero. El flamboyán rojo del jardín estaba florecido y lucía tan radiante como Amelia.

Entró sin avisar y apenas pudo divisar la espalda desnuda de Angelito iluminada por el sol que se colaba iridiscente por la ventana. Bajó la cabeza con pudor y sintió que el calor le abrasaba el rostro.

—Tú, aquí, —suspiró —*¡ay, mujer, si puedes tú con Dios hablar...!* —cantó Angelito con el rostro iluminado tan pronto la vio.

—No empiece señor, solo vengo a tomarle la temperatura.

—¿Me llamas Señor? —se acercó con sigilo mientras cantaba —*Comprende lo que sufro yo...*

Amelia soltó una carcajada mientras le entregaba el lirio blanco. En su rostro podía sentir la tibia respiración de Angel. Contra ella, muy de cerca, sentía su pecho sudoroso por la fiebre. El calor impregnó la habitación y el corazón de ambos se escuchaba galopando, confundiéndose en armoniosa coordinación.

—Pues usté se siente muy bien porque hasta puede recitar a *Los Panchos*.

Ambos rieron. Angelito colocó la flor detrás de la oreja de Amelia, luego tomó las manos sudorosas de Amelia para besarlas con cariño y no las soltó. Ella tampoco se zafó. Dejó que aquellas manos la condujeran por un camino de flores que desconocía, pero que deseaba recorrer solo junto a él.

Angelito y Amelia siguieron frecuentándose a escondidas y, entre boleros y poesía, él le prometió la luna. Se besaban cariñosamente a escondidas bajo la sombra del flamboyán. Lo que ninguno sabía era que Amelia había florecido tanto como aquel deslumbrante árbol. Ya no era la misma y sus raíces le nacían desde adentro, sin percatarse. Pero el destino es caprichoso y les había marcado otro camino. Meses más tarde, un pequeño surco comenzaría a labrarse en el tejido del joven rostro de su felicidad.

Nadie...Comprende lo que sufro yo. Canto... Pues ya no puedo sollozar. Solo... Temblando de ansiedad estoy. Todos... Me miran y se van. El día en el que doña María fue expulsada bruscamente junto a sus hijos de la hacienda de los Bonilla, el triste bolero de Los Panchos retumbaba en la cabeza confundida de Amelia. Ningún otro podía explicar mejor la perfidia que ciertamente sentía en su alma y en su corazón destrozado. Los Bonilla descubrieron el romance escondido de Angelito la terrible noche en la que Amelia le confesó su embarazo. Angelito vislumbró el derrumbe de sus planes futuros si los detenía ahora. La familia no aceptó la relación y mucho menos un compromiso. Amelia debía conformarse con el apellido cuando el niño naciera y, al momento, algunos dólares para establecerse lejos. Y así, completamente florecida y sola, se alejó para siempre de aquel amor que le destrozó un pedazo de corazón.

...

Viernes

La fría habitación fue llenándose de aromas familiares a medida que llegaban las visitas. Ella se sentía bien y podía reconocer con claridad los rostros que se le acercaban para besarla y pedir su bendición. Aproveché un momento para sacar mi móvil y grabar un vídeo corto. –Un mensajito para los nietos que están afuera, Mamá –le indiqué. Sonrió con picardía –Yamilka, Uziel, Jeriel, David, Debbie –así mencionó a todos los nietos que vivían fuera de la Isla. – Vengan, vengan acá para verme. Estoy en esta cama y de aquí no me voy a levantar – fueron sus palabras con un forzado gesto de hilaridad y una tímida sonrisa.

Una simpática enfermera entró a tomarle el pulso y le dejó algunas flores. "Mire viejita, para que se alegre." Un ramito de lirios blancos con aroma que perfuma el dolor y el espanto.

—Angelito —murmuró entre dientes, aún con sus ojos cerrados —Si tú vienes, lo dejo todo… ¿Por qué no te volví a ver? Allí te esperé, en nuestro árbol. Aquí te espero. De aquí no me voy a levantar, de este árbol. Ven y búscame. ¿Por qué no regresas?

Temblorosa, arrancó un ramito de aquellas flores y se lo colocó en la oreja mientras continuaba su imperceptible murmullo. Así, quedó atrapada entre el silencio y la melancolía.

Volvió a dormir.

...

Con la vergüenza, la soledad y el dolor de la traición, Amelia se trasladó sola al Barrio Obrero en Arecibo. Doña María continuó en Camuy, muy lejos de la familia Bonilla. El Barrio Obrero era una pequeña comunidad que se estableció demasiado cerca de la costa en el creciente y productivo municipio de Arecibo al norte de la isla. Sobre Angelito no supo más y no le volvió a mencionar, tampoco su historia, ni siquiera su nombre. Fue como si esa parte de ella, esa aventura de juventud, nunca hubiese ocurrido. El único vestigio del suceso lo fue aquel niño, el hijo de su afligido corazón.

Con el dinero que recibió de los Bonilla, Amelia adquirió una pequeña casa de madera sostenida por zancos en la primera de las tres calles de aquel barrio, la calle Ledesma. El salitre de la playa corroía el hierro y dañaba la estructura de las casitas recién construidas. A pesar del daño que ocasionaba la proximidad del mar, era un buen lugar para vivir. El Barrio Obrero contaba al principio con pequeñas familias que se instalaron allí debido a la inmediación con las fábricas aledañas al pueblo. Sin lugar a duda, esta comunidad sería un buen lugar para criar sola a su niño y comenzar una vida nueva.

Era la década del 1940 y Puerto Rico comenzaba a experimentar cambios que levantarían significativamente la maltrecha economía. Años más tarde se estableció el proyecto Manos a la Obra, antes de la fundación del Estado Libre Asociado de Puerto Rico. Al establecerse este proyecto, comenzaron a abrirse compañías de ropa, zapatos, plástico, metal y otros productos. Estas fábricas pudieron instaurarse gracias a las muchas y atractivas exenciones contributivas que otorgó el gobierno y que les permitía emplear a un gran número de personas, a bajo costo. El aumento en los empleos en el área definitivamente contribuyó al desarrollo económico de la ciudad.

Cerca de Barrio Obrero se inauguró la Fábrica de Pinceles, quienes contrataban mano de obra barata, en su mayoría mujeres, para su producción. El embarazo de Amelia no impidió que se levantara temprano para solicitar y obtener un trabajo en aquel lugar.

Todas las mañanas se dirigía junto a algunas mujeres del barrio al cercano taller y allí trabajaban hasta casi ponerse el sol. Todas las mañanas pensaba en Angelito. –Muchacha, cambia esa cara, es como si un fantasma te estuviera torturando y no te dejara ser feliz, –le repetía insistentemente

Consuelo, su vecina y amiga de camino —piensa en ese bebé.

Amelia trabajó incansablemente hasta la mañana del domingo en la que nació Ángel, *Güicho*, como cariñosamente le decían, el niño de su corazón lastimado, a quien años más tarde rescataría de sufrir una muerte temprana en Nueva York.

El nacimiento de su primer hijo llegó acompañado de un despido injustificado, pues no podía asistir al trabajo con regularidad. "No hay mal que por bien no venga" se decía. Gracias a las ayudas gubernamentales y a la creciente apertura de compañías manufactureras, consiguió nuevamente empleo en La fábrica de fideos, empresa novel que se estableció en el barrio y empleó a la mayoría de los residentes del área.

Poco a poco, el trabajo en el hogar y fuera de este, fue sanando las heridas que dejó aquel amor de juventud y Amelia se dispuso a darlo todo para salir adelante.

Una tarde de marzo, Roberto Navarro, veterano de guerra, llegó al barrio. Con sus pupilas verdes, su radiante cabellera negra y tez morena se pavoneaba en la tiendita de la esquina, cerveza en mano, mientras entonaba los boleros de Felipe Rodrígez. Roberto era coqueto y muy guapo. Siempre estaba rodeado de algún grupo de chicas del Barrio quienes se acercaban para escucharlo narrar sus peripecias y aventuras en la guerra. Su ropa, cuidadosamente almidonada, su olor a madera y limón, su forma de mover las caderas al bailar y su aire de héroe condecorado llamaban la atención de los que le rodeaban. A todos atraía con sus historias, menos a Amelia.

Cada vez que Amelia pasaba frente al cafetín, Roberto le tocaba algún disco de "la Voz" en la vellonera mientras la veía pasar. Roberto era insistente. Su blanca sonrisa, sus piropos ocurrentes y su rítmico tumba'o al caminar atrajeron, por fin, la atención de Amelia. Pero un corazón lastimado no se rinde ante tanta dulzura con facilidad. Una tarde calurosa de agosto, cuando Amelia regresaba de la fábrica, cansada y sudorosa, Roberto se le acercó con un vaso frío de maví. Una bebida refrescante, ante una mirada insistente, en medio de palabras dulces, era todo lo que necesitaba en aquella ocasión.

Entonces, todas las tardes, la esperó al salir, con maví en mano, cándida sonrisa en el rostro, música alegre y dulzura en la voz.   Entre bolero, plática y canción la conquistó.

Roberto Navarro era uno de los diez hijos de Don Evaristo Navarro Ocasio y Arminda Soto Molina. Los hermanos Navarro –Abraham, José, Tony,Roberto, Ana Celia, Ángel Luis, Gloria, Rafael, María Teresa y Carmen– siempre fueron muy unidos, gracias a la insistencia de don Evaristo en celebrar con grandes y pomposas fiestas recurrentes cada una de las ocasiones especiales. –Tráela para que conozca a la familia –le dijo su padre a Roberto tan pronto se enteró del interés que su hijo tenía por Amelia.

Lo que más admiró Amelia de la familia Navarro fue lo unidos que solían mostrarse. Cualquier cumpleaños, bautismo o celebración era un buen motivo para reunirse y festejar con grandes bailes y derroche de comida. Don Evaristo aprovechaba los momentos de reunión para contar historias sobre la parentela que posteriormente sus hijos narrarían a las futuras generaciones. Los parientes lejanos aprovechaban la ocasión para ponerse al día de los pormenores familiares y se introducía con orgullo a los nuevos allegados de la familia. Cada momento de reunión, era toda una celebración. Allí, en medio del tumulto y entre tanta algarabía, Roberto presentó a Amelia.

Entre el bullicio y la algazara que se escuchaba en cada celebración se destacaba la timidez de Amelia. Llamaba la atención por su mirada profunda y distante, como si le faltara algo, y su dulce y quedita voz al conversar. La familia la aceptó como a uno de ellos y la hicieron sentir parte de aquel círculo aparentemente inquebrantable.

Lo que nunca imaginó Don Evaristo fue la enemistad que se desató tras su muerte debido a banales litigios de herencia. Su descendencia se dispersó prontamente y las reuniones que tanto promovió dejaron de realizarse. El último en intentar aglutinar a los Navarro fue el tío Rafael; después de ahí, ya no nos juntamos más. Tristemente solo nos reconocemos cuando la casualidad nos cruza en el camino.

Con el aval de la familia, Roberto Navarro y Amelia Guzmán se casaron en el verano del 1951. Roberto se mudó a la casita de la playa del barrio y casi un año después, Amelia dio a luz a Ilia, su única hija, mi mamá. Entonces abuela se dedicó a cuidar de sus hijos mientras Roberto trabajaba en la *RonRico Rum Distillery*, mejor conocida como Puerto Rico Distilling, la moderna licorera de Arecibo, situada en las cercanías de Barrio Obrero. "Casi todos los hombres que vivían en el barrio trabajaron allí, incluso tu papá" era lo que siempre nos decía mami cada vez que pasábamos por las tristes ruinas que quedaron de lo que una vez fue una de las fábricas más importantes de Arecibo y de toda el área norte de Puerto Rico. Todavía recuerdo las tardes en las que buscábamos a Papi en el redondel de la majestuosa fuente, frente a la destilería. Aquella estructura imponente se levantaba cerca del mar, retando a la naturaleza, demasiado cerca de aquel tempestivo oleaje que amenazaba al barrio con su proximidad. Hoy solo permanecen sus ruinas. El tiempo y el salitre recuperaron su espacio y el entorno que les pertenecía.

Mis abuelos eran felices. Para el año 1956 tenían dos hijos más, esta vez fueron varones. Robertito, 1954 y Héctor, 1956.

Todas las tardes, cuando Roberto salía de trabajar, los niños corrían calle abajo para recibirle. Como buen Navarro, mi abuelo cuidaba con celo la institución familiar y aceptó como suyo a Güicho, el primer hijo de Amelia. −Era un hombre muy trabajador y querido por todos en el barrio −decían los vecinos. Por eso, cuando en la madrugada del 11 de julio del 1963 un nefasto accidente le arrancó de repente el alma y le dejó el cuerpo destrozado, la comunidad entera se conmocionó. Amelia fue la última en el barrio en enterarse pues, nadie sabía cómo darle la noticia. La muerte de Roberto fue el accidente de la década. Muchos en el barrio aún recuerdan con pesar la fatídica noche en donde dos jóvenes, irremediablemente embriagados, entraron a la calle Ledesma conduciendo un auto con demasiada velocidad y, sin medir consecuencias, se llevaron a su paso los sueños de una familia y la esperanza del litigio para una pobre comunidad.

En aquella noche aciaga, la vida de la abuela fue sacudida bruscamente de nuevo. Su mente se fue en blanco y tardó semanas en reaccionar. Otra vez debía enfrentar el desamparo y la soledad. De nuevo, tener que desafiar la incertidumbre que poco a poco la arropaba. Algunas veces soñó con autos destartalados que arrastraban desgraciadamente el cuerpo de su amado. Muchas noches despertó sudorosa, envuelta en lágrimas, con el pecho demasiado apretado, el desconsuelo en la garganta y el vacío entre las sábanas. Vacío que, a sus 35 años, juró no llenar jamás.

...

Sábado en la mañana

—Hoy se levantó con su memoria distante —nos dijeron. —Su conversación comenzó a pasearse entre la incoherencia y la razón. Nadie la puede entender.

—Llévame de regreso a la playa, Roberto. Cántame de nuevo aquella canción —susurró mientras su mirada se perdía absorta en la blancuzca y descuidada pared del hospital.

Las alucinaciones se mezclaban con episodios de su vida pasada. El campo, la hacienda, la húmeda habitación de juventud, los vientos borrascosos de la playa, el barrio y el mar; todos los espacios convergían en su mente como una amalgama de eventos contiguos, paralelos y similares. Esta vez Ilia estaba junto a ella.

—¿Qué dijiste mami?

—Maví frío. Solo quiero un vasito de maví.

Mami le acercó un vaso con agua, ya no tan fría, que reposaba en la mesita hacía un rato. Amelia la acercó a sus labios, sonriente. Cerró sus ojos con un aparente gesto de saciedad. Sonrió nuevamente.

Entonces, como en un trance, se dejó hundir sin resistencia en las profundas aguas del sueño, otra vez y volvió a dormir.

...

Con el pasar de los años, la ayuda de la familia y los vecinos, Amelia retomó su vida. Cuatro adolescentes dependían de ella. Por lo tanto, todas las mañanas se levantaba y caminaba a su nuevo trabajo en una fábrica de blusas y ropa interior femenina. Varias amigas del barrio, entre ellas Consuelo, quien, dando honor a su nombre, la acompañaban en el trayecto y le hablaban insistentemente sobre rehacer su vida y encontrar un nuevo amor, pero Amelia ya tenía el corazón demasiado lastimado como para soportar otra desventura. Cuando Roberto murió, Amelia era muy joven y, avasallada por la pena, nunca se volvió a enamorar.

El amor, sin embargo, fue tocando uno a uno los corazones ingenuos de sus jóvenes hijos. Para uno de ellos, demasiado pronto y con excesiva fuerza. El primero en esa lista fue Güicho, el hijo de Angelito, su primer enamorado, a quien el corazón traicionaba, como si una antigua maldición lo persiguiera, cada vez que veía pasar a la chica de la calle de atrás, Norma.

Norma no era como las demás. Llevaba el cabello teñido de rojo y alborotado, pintoreteaba sus grandes ojos a la usanza hippie y sus faldas eran lo suficientemente cortas como para provocar miradas suspicaces en el vecindario. Sin embargo, Normita pertenecía a otra clase social, una más alta y ambos sabían que Güicho nunca sería aceptado en aquel círculo exclusivo de la familia García.

Pero el amor es así, Normita se encaprichó con Güicho y él se obsesionó con ella. −Son demasiado jóvenes para ese amor, además, esa familia no te quiere. No tienes nada que ofrecerle a esa niña —le decía mi abuela de manera infructuosa —ella terminará arruinándote la vida. *¿Cuál es el rayo venenoso que despierta algunas almas en la noche, les roba el amanecer y las ahoga en una existencia de tinieblas?* Eduardo Barrios explicó así la llama del amor que le llegó a Güicho y le nubló la razón.

Güicho y Normita se enamoraron rápida y locamente. Él le prometió una casita cerca del mar, en la calle Cruz Roja del mismo barrio y pronto se mudaron juntos, sin el consentimiento de sus padres. Así, jóvenes, perdidos, locos y enamorados, solo vivían el uno para el otro. Él, solo reía si la veía feliz y lloraba constantemente cuando ella lo odiaba sin razón. Una tarde Norma le confesó su embarazo y él la abrazó con ternura. —Todo estará bien —le prometió.

La estabilidad de ambos duró lo que un embarazo. Cuando nació la niña, Norma se derrumbó y no pudo cumplir con sus deberes maternales y él no la pudo sostener. La familia de Norma se encargó de la pequeña a quien llamaron Debbie y los enamorados volvieron a su pequeña casita del mar.

El rumor de las olas encubría los fuertes latidos de sus angustiados y confundidos corazones. Pronto tendrían un segundo hijo. −Y ahora, ¿qué vas a hacer? −le repetía Amelia a su hijo cada vez que tenía la oportunidad. −No creo que la familia de Norma se pueda hacer cargo de otro niño −le decía sin saber aún, que ese niño llenaría el vacío de su corazón.

En medio de la inestabilidad, dieron a luz a otro Ángel, a quien llamaban cariñosamente Junior. Como era de esperarse, Norma volvió a rendirse ante la maternidad y no sabía cómo hacerse cargo del pequeño.

–Me voy a Nueva York –le confesó un día cuando, al llegar de la calle, Güicho la encontró con sus maletas en una esquina de la pequeña sala.

–Pero ¿y yo? –le reclamó con los ojos demasiado rojos como para llorar.

–¿Y el niño?

–Vente conmigo.

Esas palabras fueron suficientes para que Güicho recogiera lo poco que le pertenecía de aquel humilde rincón frente al mar y se embarcara en un viaje sin retorno con el amor de su vida, dejando atrás y a la suerte, el destino de sus hijos, la desdicha para una familia y el corazón roto de su madre.

Amelia recibió a Junior en su casa y decidió criarlo con la protección y el cuidado de una madre, pero con la fragilidad de una abuela. La familia no supo de Güicho ni de Norma hasta muchos años después, cuando Amelia decidió buscarlo para rescatarlo de una enfermedad que lo destruía por dentro y lo acercaba a la muerte y, además, cuidarlo en la Isla, cerca de ella, del mar y de su corazón.

Güicho murió meses después de que Amelia lo trajera consigo desde Nueva York. Con sus cuidados ella le prolongó lo que los médicos habían desahuciado prontamente. Él se refugió en los abrazos de su madre y procuró el perdón de sus hijos olvidados. Perdón que casi obtuvo después de ofrecer interminables explicaciones.

Nunca había visto ni conocido a mi tío. Su piel y sus cabellos eran níveos como las nubes del cielo en Puerto Rico y sus ojos negros reflejaban la tristeza de su eterno dolido corazón. Decían que Junito, como le decíamos los primos, era su vivo retrato de juventud.

Recuerdo las tardes escolares a la mesa cuando abuela nos cuidaba. Nos sentábamos a realizar las tareas y merendar galletas de soda con mantequilla y café. Con nosotras, Junito se sentaba a estudiar. Junior era tan lindo que parecía un *Menudo*, aquel grupo musical de finales de los '70 que cantaba "Súbete a mi moto" y él lo sabía. Entonces se ponía pantaloncitos cortos y bailaba de forma burlona para intentar hacernos reír y desconcentrarnos. Sin embargo, en aquellos días no era gracioso y peleábamos por cualquier cosa, Junito nos molestaba y terminábamos tirándonos con el pan de la mesa. Abuela, en medio de nosotros, buscaba una varita de gandules para poner infructuosamente el orden a la hora de la merienda. Sin embargo, no lo lograba y terminábamos todos riéndonos a carcajadas. Junito era nuestro primo y nuestro amigo. No solo era lindo; cantaba, bailaba y tocaba los tambores con tal gracia, que lo invitaban a amenizar las celebraciones y las actividades del vecindario, pues era el alma de la fiesta. Pero su mejor cualidad, era el dominio de la palabra, al igual que su abuelo. Su elocuencia y la capacidad que tenía para memorizar y dramatizar discursos de personajes famosos o cómicos de la televisión eran envidiables.

Tristemente, en su juventud, los malos amigos y las malas influencias lo alejaron de nosotras, de la familia y de los buenos consejos. El hermoso rostro de mi primo también quedó marcado por los surcos invisibles que tenía en su alma y, en su corazón, ya no cabía un nombre ni una desilusión más.

Lamentablemente, mi primo hermoso nunca superó la enfermedad de su padre, ni el temprano abandono de su madre. Ni la abuela, ni nosotros pudimos llenar el vacío de su angustiado y joven corazón. Aún no lo llenamos. Al igual que Amelia, todavía le esperamos frente a la ventana.

...

Sábado en la tarde

Mientras Ilia se paseaba de lado a lado en el frío pasillo del hospital, Amelia dormía plácidamente. Era como si un sueño profundo se hubiese apoderado de ella y no le permitía despertar. De vez en cuando abría los ojos, miraba la ventana y pronunciaba alguna palabra.

Una enfermera irrumpió de forma abrupta a la habitación para verificar el suero que pintaba de morado sus venas y transformaba el color de su piel.

−Mi niño querido, ¿por qué no te quedaste conmigo? Y, antes de que el sueño la regresara al letargo que le provocaban los medicamentos, gritó: "¡Ángel!" La enfermera que la escuchó pensó que alucinaba y le aumentó la dosis para amainar su dolor.

Un visitante le llevó de aquellos lirios blancos a la habitación. Ilia los colocó junto a la cama, frente a la ventana. Volvió a dormir.

...

Una mañana de domingo le pregunté a mi madre por qué mi querido tío Héctor no se recuperaba de su enfermedad. Ella no me pudo responder. La condición de tío era todo un misterio. Una pulmonía lo llevó al hospital y de allí no regresó.

Mi tío era el menor de los hermanos. Con sus pantalones desteñidos y sus castaños rizos alborotados andaba pintando de colores todo lo que caía en sus manos. Le llamaban *El Monje* y así firmaba sus cuadros. Me encantaba verlo convertir piedras comunes en obras artísticas, paredes antiguas en murales y ropa aburrida en atractivas piezas de colección, porque, cuando mi tío no conseguía algún tipo de lona, todo a su alrededor era un tapiz.

Héctor llevaba el arte en la sangre, le era natural. De pequeño, el tío Rafael

Navarro –tío Rafa, el hermano del difunto abuelo Roberto– se dedicó a cubrir en los hijos de Amelia, su cuñada, el vacío que su padre les había dejado a muy temprana edad. Por lo tanto, todos los domingos los llevaba de paseo en su antiguo auto descapotado y les enseñaba sobre el arte y la música. Tío Rafa era un hombre educado y lleno de cultura, fue el único de los hermanos Navarro en obtener un título universitario y el primer artista de la familia. Maestro de profesión, era conocido y respetado en todo el municipio de Arecibo. Además, sentía un profundo amor y deber familiar para los hijos de su hermano fallecido. Por eso los consentía, educaba con rigor y se convirtió en la figura paterna que los niños necesitaron en aquel momento.

Héctor, aún era pequeño y parecía no mostrar interés en las lecciones que les enseñaba el tío, pero, a escondidas, comenzó a mezclar colores que poco a poco fue utilizando para crear su estilo. El color favorito para sus pinturas fue el verde esmeralda, color que sobresalía en todos sus trabajos y algunas pintorescas estrellas solían adornar alegremente las letras con las que firmaba su nombre. En su adultez se dedicó por completo a la pintura y en varias ocasiones fue contratado para realizar coloridos murales en el pueblo de Arecibo. Algunos de ellos embellecieron el Municipio hasta hace algunos años. El resto fue disipado por el salitre y el descuido municipal.

Sin embargo, su obra más importante decoró la pared de la casa de la abuela y allí estuvo colgada por mucho tiempo. La llamaban *El dolor de una madre*. En esta obra se apreciaba a una mujer encorvada que sufría de un aparente dolor. Todo el lienzo lo cubrían colores oscuros: morados, azules, su distintivo verde esmeralda, y un profundo rojo carmesí. Por otro lado, se destacaba la blanquísima piel de la doliente que en parte era cubierta por un vestido color esmeralda que simulaba el terciopelo. Cada vez que íbamos de visita a casa de la abuela, me quedaba embelesada mirando aquel misterioso cuadro. En algún momento le pregunté a mi tío quién era aquella mujer; nunca me supo contestar, solo sonreía con pícardía. Jamás imaginé que, años más tarde, mi abuela sería la protagonista de aquella majestuosa y extraña obra de arte.

El Monje llevaba una vida enigmática y silenciosa. Entraba y salía de la casa con mucho sigilo, dejando huellas de pintura a su alrededor. Solo la pintura delataba su camino. Ninguno de nosotros cuestionaba su vida porque nos resultaba complicada y su cuarto siempre era un desorden, como su sinuoso cabello. Su voz ronca conquistó mi corazón de niña cada vez que me llamaba: *Malvada*.

El tío Héctor era mi favorito, algunas veces colocaba mis pequeños pies dentro de sus manchados y pintorescos mocasines blancos, pero eran zapatos que no podía llenar. Otras veces me gustaba entrar discretamente a su habitación/taller para revolver sus pinceles y sus óleos resecos. Pasaba mis manos sobre las gotas de pintura, ya secas y me gustaba oler los lienzos pintados. Por él, quise ser pintora, sueño que colgué posteriormente, entre otros tantos. En las tardes se sentaba cerca de mí para, inútilmente, enseñarme a dibujar y con su risa coqueta y su seseo al hablar contagiaba a todos a su alrededor. Por eso era muy querido.

Tío Héctor se enamoró de Mirna, una pequeña y misteriosa mujer de cabellos y rizos despeinados. Yo la observaba y quería ser como ella. Ambos me querían, complacían y trataban como a una hija. Pronto se mudaron muy cerca de la casa de la abuela y su patio se convirtió en mi lugar favorito para pasar las tardes del verano.

A finales de la década del 1980 el tío Héctor enfermó. Un terrible mal se desataba en el mundo y una complicación respiratoria lo llevó al hospital. De allí nunca salió. –Solo es pulmonía –nos decía mi mamá preocupada, cuando la llenábamos de preguntas. "¿Por qué tío no mejora? ¿Por qué no regresa a la casa? ¿Por qué tiene el cuerpo lleno de llagas? ¿Por qué…?" Todas, preguntas sin respuestas, al menos para nosotras, para sus pequeños hijos y para Mirna, quien no pudo manejar tanto inesperado dolor.

Fueron exactamente cuarenta noches las que el Monje pasó en el hospital. Junto a él solo estuvo mi abuela. Siempre ella, solo ella. Entre el ir y venir de la gente, ella. Entre los comentarios malintencionados, ella. Entre las bendiciones de los amigos y las miradas suspicaces de los parientes, ella. En medio de la soledad y las noches de angustia, ella, a su lado, de su mano, compartiendo su dolor.

Héctor fue el primero de los hijos en irse y el primero en marcar el surco más profundo en el rostro de la abuela. Ella lo ayudó a partir. −Lo vinieron a buscar −nos decía. −Yo no quería dejarlo ir, pero lo necesitaban. De esta manera nos consolaba y buscaba su alivio tras el dolor de la pérdida.

La noche en la que mi tío Héctor murió, los gritos de la abuela se escucharon en todo el pasillo de aquel sombrío hospital. Aquel momento personificó el cuadro y fue un presagio para su partida, muchos años después.

...

Sábado en la noche

En la oscuridad de aquella fría habitación de hospital, solo el murmullo de las máquinas y el quejido hondo de los aires retumbaba en los rincones. Amelia dormía en apacible calma. El ir y venir en los pasillos resonaba con un eco chirriante mientras se trasladaban las trémulas camillas de los cuartos. Luces encendidas y bullicio, pero no entre sus paredes, allí solo ella descansaba provocada por aquel elixir que corría por sus venas moradas.

De repente se encorvó, desorientada.

—No se lo lleven, yo lo necesito más que ustedes. Déjenlo quedarse un ratito más —susurró. Busquen al Monje... ¡Héctor!

Nadie podía entender los nombres que mi abuela susurraba entre dientes durante los días que estuvo internada.

–Me están llamando, todos ellos me están llamando, pero yo no me quiero ir –me susurró esa última noche de su inesperada estancia en el hospital.

Las enfermeras la escucharon murmurar, pero ninguna entendió.

Volvió a dormir.

...

Después de algunas complicaciones con su salud, abuela se mudó con nosotros. Fue una decisión difícil, pues, los hijos que quedaban tuvieron que vender la casa que por mucho tiempo vivió en el barrio Santana de Arecibo. Adquirir aquella casita fue el refugio de la abuela tras la muerte de Roberto, su esposo. Aquel cambio de ambiente la ayudó en su recuperación.

Santana era un barrio que emergía del corazón de Arecibo. Era un sector tranquilo, lleno de familias jóvenes y mucho más grande que Barrio Obrero, su comunidad anterior. Se mudó a una casita blanca, de cemento y con un patio que estaba cubierto por grandes árboles frutales. En la parte de atrás del terreno reinaba un frondoso almendro y bajo su sombra, se mecía una hamaca que aprovechábamos para mecernos en las tardes de calor. El árbol de acerola que sembramos de niños era tan fructífero que la abuela aprovechaba cada cosecha para realizar postres rojizos y pulposos jugos que luego vendía o regalaba a los amigos del vecindario. El balcón de la casa lo adornaba un mural con dibujos de árboles caricaturizados firmado por el Monje y, justo al lado izquierdo del patio, había un terreno baldío con una casita en bloques a medio hacer en donde pastaban amarrados escuálidos caballos realengos. Esa casita blanca de Santana vio crecer a los nietos quienes corríamos y jugábamos con el fango que se formaba por la lluvia, caminábamos calle abajo hasta la tiendita para comprar dulces y éramos cuidados en las tardes al salir de la escuela bajo la protección y la enseñanza de la abuela. Los vecinos se conocían y se ayudaban entre sí.

En Santana nos sentíamos seguros y sabíamos que la abuela estaba bien.

Por todo eso, desprendernos de la casa de Santana no fue tarea fácil. Las paredes blancas de aquel lugar contaban mil historias y sobre una de ellas aún colgaba la pintura del presagio de la historia de la abuela. Amelia ya no era capaz de tomar sus decisiones, por lo tanto, fueron sus hijos Ilia y Roberto, los que eligieron lo que era mejor para ella.

Desde el momento en el que decayó su salud y en contra de su voluntad, abuela pasó a vivir con nosotros: su hija Ilia; Tito, el esposo de su hija y sus tres nietas adolescentes. Muchas veces intentó escapar y fueron los vecinos quienes la traían de vuelta a nuestra casa, desorientada y triste. Hasta que se resignó.

Abuela pasaba en silencio la mayor parte del día, con su mirada absorta hacia la ventana, como en la espera de otro suceso terrible. Ilia procuraba diligentemente que no le faltara nada y todos los días la familia buscaba llenarla de cariño, pero nada de eso lograba sonrisas perpetuas en su angustiado rostro. La tristeza se reflejaba en su mirada y en cada marca de su piel; solo Junito, el hijo de Ángel lograba avivarle el ánimo cuando la visitaba de sorpresa, le recitaba un poema o le contaba un chiste. "Ha sufrido tanto" nos repetíamos para entenderla. Hasta que su espera se hizo realidad.

Tío Robert, el tercer hijo de la abuela, no visitaba ni se comunicaba con frecuencia. Él tenía la certeza de que ella estaba bien cuidada por mi mamá y eso le era suficiente. Solo nos veíamos en celebraciones especiales, ciertos días festivos y en alguna que otra Navidad. No obstante, un día apareció en la casa de mis padres sin avisar. Amelia sospechó su llegada y esa mañana se levantó más temprano de lo usual. Era sábado y Roberto llegó temprano. Para no preocupar a la familia, sobre todo a la abuela, mami guardaba en silencio el presentimiento de que la tragedia había tocado nuestra puerta, otra vez.

Mi tío Robert era el más culto de todos los hermanos. Había estudiado en la Universidad de Puerto Rico en Río Piedras, mi Alma Mater y tenía ideas de vanguardia. Lo distinguían su sarcasmo, la delicada forma en la que manejaba una conversación, la peculiar manera de sentarse, su conocimiento de historia del mundo, su amor por los viajes, el buen vino y sobre todo, su pasión por la música. Mi tío era un conocedor y aficionado musical. Tanto así que en su juventud fue el primero en el vecindario en comprar un extravagante equipo de música el cual no cabía en la casita de madera en Barrio Obrero. —La casa se nos caía encima, pero había buena música —nos decía mami entre risas cuando recordaba ese momento de su vida. Robert se casó con Annie, su querido amor de juventud. Se conocieron en la Universidad y permanecieron viviendo en el área Metropolitana, al noreste de la isla. Por eso no nos veíamos de forma habitual, solo en algunas navidades u ocasiones especiales y, cuando nos reuníamos, pasábamos los mejores momentos, porque tío Robert y Annie eran los mejores anfitriones.

Once años habían pasado desde la última operación del tío Robert. La primera vez ingresó unos días al hospital debido a fuertes dolores en el estómago. El día en el que mami y abuela le visitaron, recibieron la fortuita noticia: "tengo cáncer". Un pesado silencio inundó aquella habitación. Las lágrimas sustituyeron las palabras. De repente, la duda, la incertidumbre, el temor y el horror ante otra muerte. "¡Esto no puede ocurrir! ¡No otra vez!" exclamé al enterarme de lo sucedido. "Abuela no aguanta la pérdida de un hijo más".

Esa vez, la enfermedad no pudo contra él. Robert viajó con su familia para recibir tratamientos fuera de Puerto Rico y los médicos estadounidenses prolongaron su vida un poco más.

Luego de su recuperación, mi tío llevó una vida casi normal para alguien que había sufrido varias operaciones y había vencido una de las peores enfermedades del siglo. Por eso, aquel sábado, nos tomó por sorpresa la visita imprevisible de tío. A casi todos nos sorprendió su llegada, menos a la abuela. Su rostro sombrío ya sospechaba la tragedia y en sus ojos vidriosos las lágrimas se asomaron antes de que se pronunciara palabra.

Mi tío Robert era un hombre luchador. Su espíritu no se daba por vencido fácilmente y esta vez, afirmaba, la enfermedad no acabaría con él. "Todavía me queda mucho por viajar y por vivir. No creo que sea mi tiempo, voy a luchar y si la muerte se me viene encima, me encontrará peleando." De esta manera se despidió. Su decisión traía consigo un alto precio. El tratamiento que le sugerían los médicos era tan fuerte que debía alejarse de todos. Tenía dos opciones, le dijeron los expertos que consultó: pasar sus últimos meses junto a los suyos o someterse a un intenso tratamiento que, probablemente lo curaría, o lo alejaría para siempre de su familia. Nosotros ya imaginábamos que elegiría la segunda opción. No se le cuestionó. Ni siquiera la abuela, quien tragaba en silencio el no poder abrazar nuevamente a su hijo.

Como predijeron los médicos, el tratamiento fue terrible y agresivo. La vida se le fue en un suspiro, sin darse cuenta y no la pudo retener. Ni sus hijos, ni su esposa lo pudieron convencer de quedarse, ya era demasiado tarde y aquel viaje no tenía retorno. En esta ocasión la abuela no estuvo a su lado, ni lo vio partir. Así, se rompió lo que quedaba de su corazón.

...

Sábado en la madrugada

Silencio y, en medio de la paz que se respiraba, la fragancia de los lirios la despertó.

Un rayito de luna se coló por la ventana abierta y la extraña figura de un hombre se reflejó tras la cortina.

"Robertito, ¿Estás ahí? ¿Llegaste? ..." susurró como si le hablara al oído.

Su mirada en desconcierto no se apartó de aquella silueta en la sombra que la observaba en silencio y sonrió.

"Todavía, aún no."

¿Quién era aquel enigmático visitante nocturno que la visitaba en su sueño? ¿De quiénes los nombres que pronunciaba distante?

Poco a poco el aroma que perfumaba la habitación la llevó nuevamente a un profundo adormecimiento. Esta vez estaba sola y nadie la escuchó. Un frío implacable se apoderó de la oscura habitación.

Volvió a dormir.

...

Domingo de Pascua en Puerto Rico. Para muchos, día para conmemorar y festejar. Otros van de paseo y algunos se reúnen en comunidades de fe para compartir sus creencias. Los almuerzos familiares no faltan y, mientras los adultos se juntan para celebrar, los niños recogen coloridos huevitos repletos de dulces y sorpresas. La gente se viste de colores y la naturaleza renace en alegre primavera. Es un día para sonreír. Para la religión cristiana, el Domingo de Resurrección es el día más importante del año pues, representa la base de la fe.

En la familia teníamos la esperanza de que la abuela fuera dada de alta prontamente y que se nos diera la noticia en un día tan especial para nosotros como ese. No teníamos mucho de qué preocuparnos, pensábamos. El día antes ella se encontraba estable y de buen ánimo; por lo menos eso aparentaba. −Ve y canta, hija −le susurró sonriente a mami la noche anterior. Entonces, el domingo mami se levantó contenta y fue a cantar a la iglesia, como abuela le indicó.

Mi mamá canta todo el tiempo. Esa es la forma en la que celebra los triunfos y sobrelleva las tristezas. Cuando éramos niñas la escuchábamos inventar melodías que cantaba a viva voz y despertaba la curiosidad de los vecinos. Una noche cantó con tal fuerza que, para nuestra sorpresa, los vecinos se asomaron a la puerta de nuestra casa para aplaudirle. Su voz armoniosa nos adormecía en las noches, nos despertaba sin sigilo en las mañanas y nos calmaba con dulzura las dolencias. En una ocasión apaciguó un fuerte dolor que atormentaba mis oídos con solo su melodiosa voz.

Cuando sus hermanos agonizaban en el hospital, allí estuvo ella para arrullarles canciones de amor. Mami amaba a sus hermanos. La muerte de cada uno le rompió un pedacito de su corazón, pero nunca se desplomó. Durante todo ese tiempo, mami se mantuvo fuerte, como una columna para sostener a la abuela.

Los tres días en los que abuela estuvo ingresada en el hospital, mami permaneció fuerte junto a ella. Durante el día le cantaba armoniosas melodías y, de vez en cuando, ensayaba la canción que debía cantar en la celebración del Domingo de Pascua en su iglesia. "¡En victoria estoy!" entonaba. Los que las visitaban no podían comprender la paz que reflejaban sus rostros, pues, tanto abuela como mami, irradiaban una solemne tranquilidad reflejada en sus sonrisas durante aquellos días de incertidumbre.

—Se supone que mañana cante la canción que has estado escuchando, pero no voy a ir. No quiero dejarte sola —le dijo mami el sábado en la noche.

—Ve y canta. Será solo un momento, después regresas. Todo estará bien.

Así la despidió. Así nos despidió. Pero a mí me resonaban en el corazón las palabras que me dijera en secreto: "Me están llamando".

A la abuela no se le podía llevar la contraria, mucho menos en su estado. Por lo tanto, ese domingo en la mañana, Ilia se levantó temprano y, en vez de ir al hospital como en los pasados días, fue confiada a cantar.

Ese domingo el rostro de mi mamá se iluminó más que nunca mientras entonaba aquella canción: "En victoria estoy, en victoria estoy" cantaba. Con una hermosa sonrisa en sus labios entonó, como nunca, su mejor canción.

Mami salió del servicio de Pascua con un fragante ramo de lirios blancos en las manos. Ese día regalaron flores a todos los presentes y ella llevaba consigo un buen manojo para la abuela. "Mami se pondrá feliz, son sus favoritas" pensó durante todo el camino al hospital. El olor a lirios inundó el auto en el que iba y todo el camino condujo adormecida por la embriagante fragancia.

Para despejar su mente y en medio del sopor provocado por aquel aroma, encendió la radio. *And so, it was that later, as the miller told his tale that her face, at first just ghostly turned a whiter shade of pale*… "Siempre me gustó esa canción" murmuró para sí y la cantó con fuerza. Ilia tenía apenas 15 años cuando escuchó por vez primera *A whiter shade of pale*, ni siquiera sabía lo que significaban aquellas palabras, por lo menos en aquel momento.

Viajaba a Nueva York como un regalo que recibió para sus quince años y en aquel avión sonó la singular melodía del momento.

Con una minifalda, su larga cabellera negra y botas vaqueras hasta la rodilla, mami llegó a Nueva York, por primera vez. Viajaba sola y se encontraría con su tía, la hermana de abuela, la dulce tití Mery. Tití Mery era la menor de las hijas de Sebastián y doña María y siempre fue muy unida a mi abuela. Sin embargo, sus caminos se alejaron cuando Mery se casó y trasladó a Nueva York. Desde la década del 1940, esta ciudad se convirtió en el destino favorito de los puertorriqueños como una opción ante la pobreza en la isla. Mery fue una de ellas. Desde ese entonces solo las cartas fueron el principal medio de comunicación entre las hermanas Guzmán. Mery estaba al tanto de los pormenores en la vida de Amelia y varias veces le ofreció que se mudase con ella. Amelia no aceptó la oferta pues nunca lo vio como una opción. Su corazón estaba muy ligado al mar y a la tierra que la vio nacer.

La noche en la que Ilia pisó suelo norteamericano por primera vez, su tía le organizó una fiesta. Eran sus quince años y eso solo se celebra una vez. Además, Mery estaba tan contenta porque su querida sobrina estaba junto a ella, que no escatimó en agasajos y presentes. El pequeño apartamento en Patterson, New Jersey se convirtió en una pequeña discoteca en la cual se aglutinaron más personas de las permitidas en aquel complejo comunitario. Las luces de colores sicodélicos y la fragante comida y entremeses para alimentar un batallón llamaban la atención de los curiosos que se asomaban y que tití Mery invitaba a pasar, como si fueran familia o buenas amistades.

En medio del bullicio, Ilia permanecía en una esquina, demasiado tímida para socializar en aquel *espanglish* que desconocía. De repente, aquella canción. *A whiter shade of pale* comenzó a retumbar en las bocinas. Las personas se juntaron de a dos para convertir aquella sala en una pista de baile y el romance inundó la habitación. Ilia escuchaba la canción por segunda vez desde su esquina. Pablito, el hijo mayor de la familia del apartamento contiguo se acercó con una sonrisa de lado mientras ella observaba a todos a su alrededor. −¿Por qué bailan con una canción tan triste? −gritó acercándose a su oído, como para comenzar una conversación. Ilia quedó perpleja ante los grandes ojos verdes que la observaban con curiosidad, demasiado cerca de su rostro. Esa pregunta inició la amena conversación que duró casi toda la noche. Pablito manejaba muy bien el español, además, era dulce y cortés. Era un chico delgado, de cabellos negros; vestía un holgado pantalón de polyester y su camisa parecía haberla sacado del anticuado clóset de su padre. Su familia manejaba una funeraria cerca de allí y Pablito había crecido cerca de los muertos que llegaban en cajas semanalmente para ser preparados. A Ilia le pareció muy niño, pero sus ideas esotéricas de mundo le parecían bastante maduras para los chicos de su edad. Por eso lo escuchó y permaneció junto a él toda la noche.

Pablito le explicó el significado de la canción: "es la historia de una muerta, ¿no te das cuenta? *A whiter shade* es el rostro de la mujer después de morir, ¿sabías que las personas suelen cambiar de color al momento de su muerte?". Pablito expresaba una extraña fascinación ante los enigmas de la muerte y del "más allá". Era su tema favorito y a Ilia esto le llamó la atención, después de todo, era la primera vez que alguien le hablaba de ese tema y ella había sufrido la trágica muerte de su padre varios años atrás.

Durante sus vacaciones con Mery, Ilia coincidió con Pablito en varias ocasiones, pues eran vecinos. Todas sus conversaciones giraban en torno al mismo tema: "¿Sabías que a una persona le da mucho sueño antes de morir?" le dijo un día en el que Ilia quiso irse temprano para tomar una siesta. Tanta era la insistencia de Pablito con el tema de la muerte que provocó la incomodidad de Ilia y ésta procuró evitarlo la mayoría de las veces por el resto de sus vacaciones.

A Ilia le resultó extraño que tan solo una canción lograra transportarla a un momento de su vida que ya había olvidado, precisamente ese domingo en la mañana. Recordó a Pablito y sus grandes ojos verdes, pero sobre todo, recordó cada palabra de sus extrañas conversaciones en torno al tema de la muerte, tema que siempre había intentado esquivar, pero la perseguía. "Era una mujer, ¡era una pálida mujer muerta!", pensó para sí y sonrió.

Al llegar al hospital la invadió el perfume de las flores que la estuvo acompañando durante todo el trayecto. Para su sorpresa, aquellos lirios blancos estaban por todas partes. Las flores adornaban todo cuanto miraban sus ojos. En el estacionamiento, varias mujeres con rostros radiantes sonreían mientras llevaban consigo las olorosas flores. Una enfermera en la recepción cargaba un ramo, regalo que recibió en la capilla y al entrar en el ascensor, una niña vestida de colores olía el perfume de las flores que su madre llevaba en los brazos. Parecía que todos se habían puesto de acuerdo para ambientar el hospital para la ocasión. Toda la escena parecía sacada de un cuento maravilloso.

A pesar de la alegría que se sentía alrededor, Ilia recibió con extrañeza aquella llamada de los médicos mientras conducía al hospital. "Necesitamos hablarle" y le sorprendió que le insistieran. La recibieron dos lánguidas enfermeras con rostros apesadumbrados. Ambas llevaban lirios blancos prendidos a sus uniformes. Una de ellas la infundió en un caluroso abrazo en medio de un silencio glacial. –Algo no anda bien –pensó Ilia en medio de la confusión que le atormentaba el corazón.

Antes de mediar palabra, brotaron lágrimas de los ojos de la olorosa enfermera. –Estuvo alucinando casi toda la noche. Sus tristes alaridos conmocionaron a los empleados de turno, quienes no paraban de llorar. Mencionó nombres, lugares y dijo cosas que no podíamos entender. Habló de una playa, de una hacienda… Roberto, Ángel, esos fueron los nombres que escuché. Esta mañana se despertó radiante y quiso darse un baño. Pidió ser perfumada, peinada y estaba conversadora, mucho más de lo usual. La enfermera aún hablaba, pero mi mamá no escuchó más.

Los lirios que llevaba en brazos cayeron al piso al entrar abruptamente a la habitación. Otros lirios blancos rodeaban su cama y uno de ellos reposaba entre las frías manos de mi abuela. El olor a enfermedad era cubierto por la fragancia imponente de las flores que parecían multiplicarse ante los incrédulos ojos de la hija que no alcanzaba a comprender lo sucedido. —Que alguien me explique, ella estaba bien —reclamó Ilia con gesto irreflexivo.

Al momento, nadie explicó. —Solo se nos fue; después de su baño comenzó a decaer nuevamente. En medio de sus alucinaciones parece que la vinieron a buscar —dijeron. Una singular calma se apoderó de aquel lúgubre espacio. Muchos no entendieron el apacible aroma que se respiró en esa madrugada, al momento de su partida.

—La vinieron a buscar, nos afirmó mi madre con la garganta anudada.

Se llevaron su gélido cuerpo fragante envuelto en una pesada túnica de terciopelo color esmeralda, dejando atrás la estela de un oloroso y grato recuerdo, un profundo surco perfumado con aroma de lirios, cultivados con el llanto y el pesar de los años.

Días después, camino al sepelio, no podía dejar de pensar en el cuadro que pintara cierta vez mi tío y que adornó durante años la casa de mi abuela. Recordé mi semblante ingenuo, mi actitud curiosa, con la mirada absorta frente a la obra. ¿Quién es ella? Pregunté con insistencia de niña en varias ocasiones y no obtuve respuesta. Hoy puedo afirmar que, aquella pintura, fue el retrato de mi abuela. *El dolor de una madre*, aquel cuadro de la mujer encorvada que un día había pintado su hijo Héctor, también muerto, fue su triste retrato de vida, pero no el telón final de su muerte.

Made in the USA
Middletown, DE
17 August 2020